돼지학교에 오신 것을 환영합니다!

백명식 글·그림

강화에서 태어나 서양화를 전공했습니다. 출판사 편집장을 지냈으며, 다양한 분야의 책과 사보, 잡지 등에 그림을 그리고 있습니다. 특히 어린이들이 좋아하는 책을 쓰고 그릴 때 가장 행복하다고 합니다. 그린 책으로는 《WHAT 왓? 자연과학편》《책 읽는 도깨비》《자연을 먹어요 시리즈》 등이 있으며, 쓰고 그린 책으로는 《인체과학 그림책 시리즈》《맛깔나는 책 시리즈》《저학년 스팀 스쿨 시리즈》 등이 있습니다. 소년한국일보 우수도서 일러스트상, 중앙광고대상, 서울일러스트상을 받았습니다.

김정률 감수

서울대학교 지구과학교육과를 졸업하고, 같은 학교 지질학과에서 이학박사학위를 받았습니다. 한국고생물학회와 한국지구과학회 회장으로 활동하였고, 화석에 대한 연구로 국제 학술지에 많은 논문을 발표하였습니다. 저서로는 《지질학》《한국의 공룡》《한국의 거화석》 등이 있으며, 《what? 키즈사이언스 흙》《what? 키즈사이언스 날씨》《사이언스 학습만화 자연재해》 등 여러 책을 감수했습니다. 한국교원대학교 제3대학 학장을 역임하였고, 현재 지구과학교육과 교수로 재직하고 있습니다.

땅속을 뚫고 들어간 돼지

백명식 글·그림 | 김정률 감수

초판 발행일 2014년 6월 5일 | **제2쇄 발행일** 2023년 4월 19일
펴낸이 조기룡 | **펴낸곳** 내인생의책 | **등록번호** 제10호-2315호
주소 서울시 서초구 나루터로 70, 엠피스센터 212-1호(잠원동, 영서빌딩)
전화 (02)335-0449, 335-0445(편집) | **팩스** (02)6499-1165
전자우편 bookinmylife@naver.com | **홈카페** http://cafe.naver.com/thebookinmylife
편집장 이은아 | **책임편집** 김예지 | **편집1팀** 신인수 이다겸 이지연 | **편집2팀** 박호진 진송이 이민해 조정우
디자인 최원영 심재원 | **마케팅** 이성민 서영광 | **경영지원** 김지연

ISBN 978-89-97980-09-3 74450
ISBN 978-89-97980-45-1 (세트)

ⓒ 백명식, 2014

책값은 뒤표지에 있습니다.
잘못된 책은 구입처에서 바꾸어 드립니다.

이 도서의 국립중앙도서관 출판시도서목록(CIP)은 e-CIP홈페이지(http://www.nl.go.kr/ecip)와
국가자료공동목록시스템(http://www.nl.go.kr/kolisnet)에서 이용하실 수 있습니다. (CIP제어번호: CIP2014014313)

돼지 학교 과학14

땅속을 뚫고 들어간 돼지

지층과 화석

백명식 글·그림 | 김정률 감수

내인생의책

며칠 있으면 방글이 선생님 생일이야.
돼지 삼총사는 선생님께 특별한 선물을 드리고 싶었어.
그래서 모두 머리를 맞대고 고민했지.
"선생님은 세상에서 가장 귀한 돌을 갖고 싶다고 하셨어."
데이지가 선생님 말씀을 떠올리며 말했어.
"돌이라고? 돌에도 귀한 게 있어?"
책을 보던 꾸리가 고개를 돌려 물었어.
"그럼. 너희 다이아몬드 알지? 그것도 사실 돌이야."
데이지가 어깨를 으쓱하며 대답했어.
"다이아몬드보다 더 귀한 돌이 있을까?"
궁금한 돼지 삼총사는 척척박사 피그 박사님을 찾아갔어.

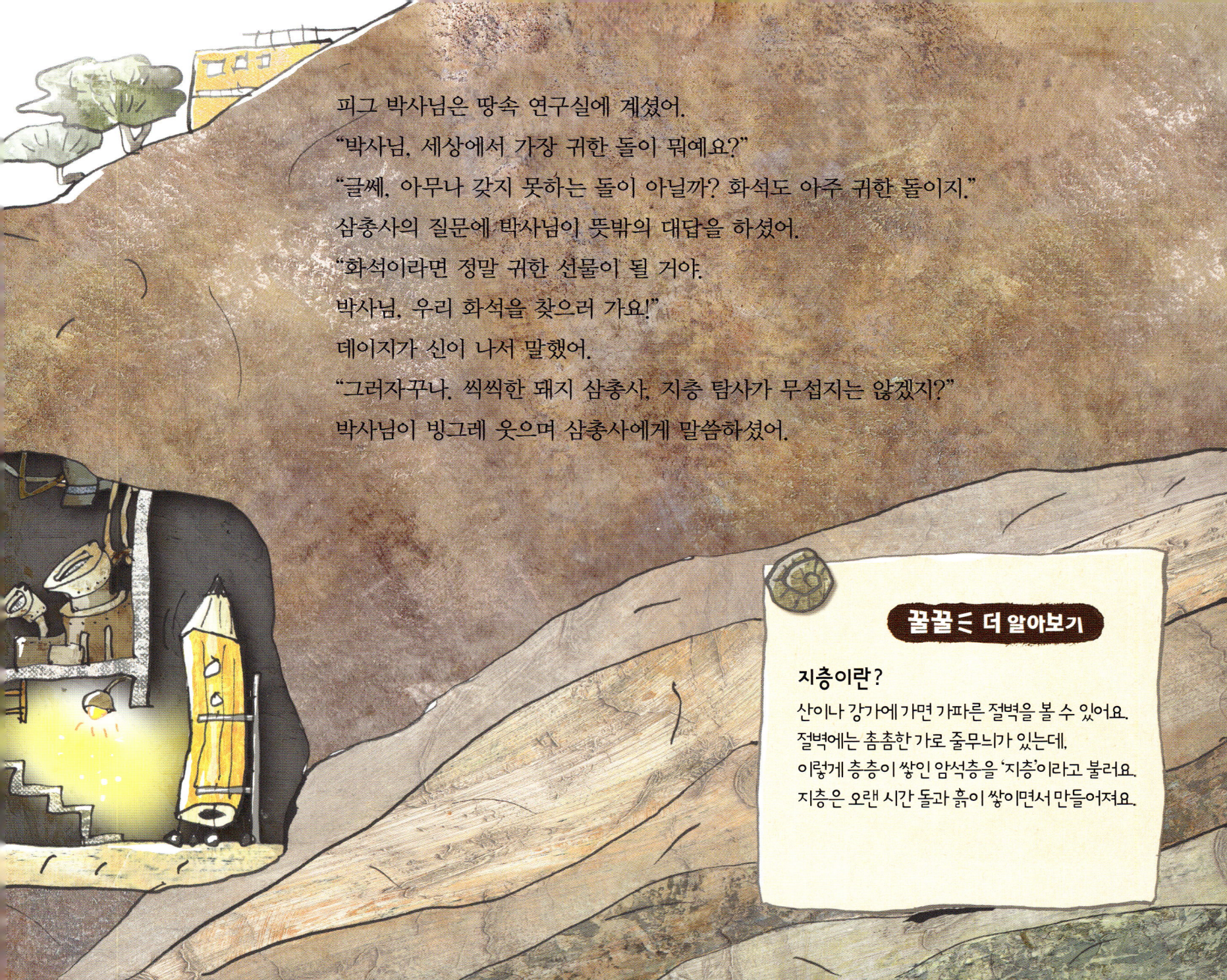

피그 박사님은 땅속 연구실에 계셨어.
"박사님, 세상에서 가장 귀한 돌이 뭐예요?"
"글쎄, 아무나 갖지 못하는 돌이 아닐까? 화석도 아주 귀한 돌이지."
삼총사의 질문에 박사님이 뜻밖의 대답을 하셨어.
"화석이라면 정말 귀한 선물이 될 거야.
박사님, 우리 화석을 찾으러 가요!"
데이지가 신이 나서 말했어.
"그러자꾸나. 씩씩한 돼지 삼총사, 지층 탐사가 무섭지는 않겠지?"
박사님이 빙그레 웃으며 삼총사에게 말씀하셨어.

꿀꿀 더 알아보기

지층이란?
산이나 강가에 가면 가파른 절벽을 볼 수 있어요.
절벽에는 촘촘한 가로 줄무늬가 있는데,
이렇게 층층이 쌓인 암석층을 '지층'이라고 불러요.
지층은 오랜 시간 돌과 흙이 쌓이면서 만들어져요.

다음 날 삼총사는 박사님을 따라 계곡으로 갔어.
"여긴 모래와 자갈만 있어요."
"화석은 하나도 안 보여요."
도니와 꾸리가 실망스러운 표정으로 말했어.
"화석을 찾으려면 지층부터 알아야 한단다."
박사님이 삼총사를 다독이며 말씀하셨어.

"자, 땅속으로 들어갈 준비됐니?"
피그 박사님이 말씀하시며 연필호를 작동하셨어.
뜨르륵뜨르륵.
드릴처럼 생긴 연필호 앞머리가 빙빙 돌기 시작하더니
딱딱한 땅속을 뚫고 들어갔어.
"와!"
땅속 세상이 드러나자 삼총사는 환호성을 질렀어.

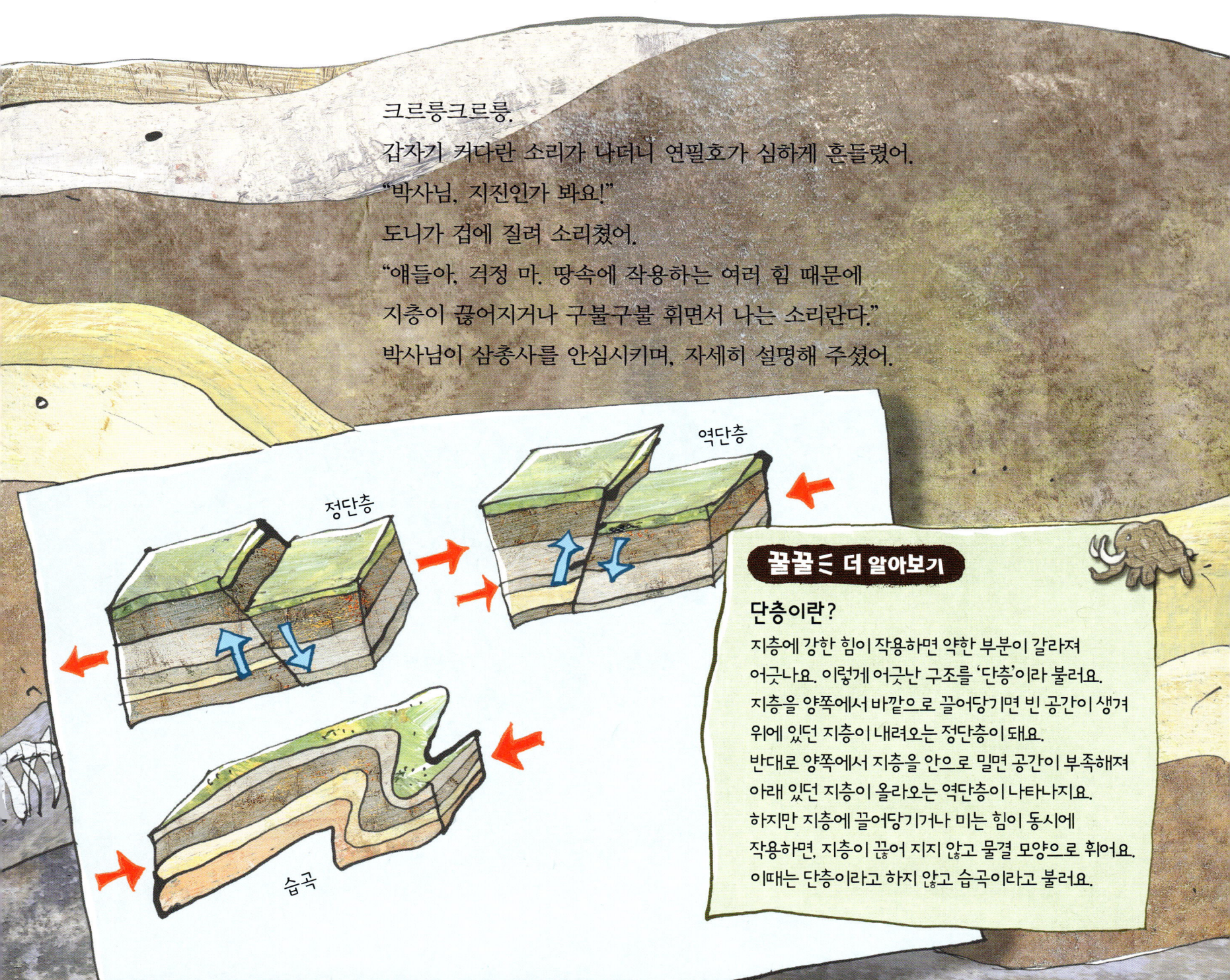

크르릉크르릉.
갑자기 커다란 소리가 나더니 연필호가 심하게 흔들렸어.
"박사님, 지진인가 봐요!"
도니가 겁에 질려 소리쳤어.
"얘들아, 걱정 마. 땅속에 작용하는 여러 힘 때문에 지층이 끊어지거나 구불구불 휘면서 나는 소리란다."
박사님이 삼총사를 안심시키며, 자세히 설명해 주셨어.

꿀꿀 더 알아보기

단층이란?

지층에 강한 힘이 작용하면 약한 부분이 갈라져 어긋나요. 이렇게 어긋난 구조를 '단층'이라 불러요. 지층을 양쪽에서 바깥으로 끌어당기면 빈 공간이 생겨 위에 있던 지층이 내려오는 정단층이 돼요. 반대로 양쪽에서 지층을 안으로 밀면 공간이 부족해져 아래 있던 지층이 올라오는 역단층이 나타나지요. 하지만 지층에 끌어당기거나 미는 힘이 동시에 작용하면, 지층이 끊어지지 않고 물결 모양으로 휘어요. 이때는 단층이라고 하지 않고 습곡이라고 불러요.

뜨, 뜨륵 뜨, 뜨르르륵.
바위를 뚫던 연필호가 이상한 소리를 내기 시작했어.
바위가 너무 딱딱해 힘에 부쳤나 봐.
"이곳은 옛날에 깊은 바다였던 모양이구나."
"어떻게 그걸 아세요?"
궁금해하는 데이지에게 피그 박사님이 비밀을 가르쳐 주셨어.
"단단한 암석인 처트 때문이지. 처트는 깊은 바다에서 보통 만들어지거든."
숲이 오래전에는 바다였다니, 참 신기하지?

꿀꿀 더 알아보기

암석으로 무엇을 알 수 있을까?

암석을 보면 지층이 생긴 그 당시의 환경을 알 수 있어요.
자갈과 모래가 섞인 역암은 하천에서 만들어지고요.
암염은 소금이 굳은 것으로 바닷가에서 생성되지요.
화산재로 이루어진 응회암은 화산 주변에서,
다양한 색을 띤 처트는 깊은 바다에서 만들어져요.
처트에 석영이 많으면 투명한 흰색, 철이 많으면 붉은색,
식물이 많으면 검은색이 된답니다.

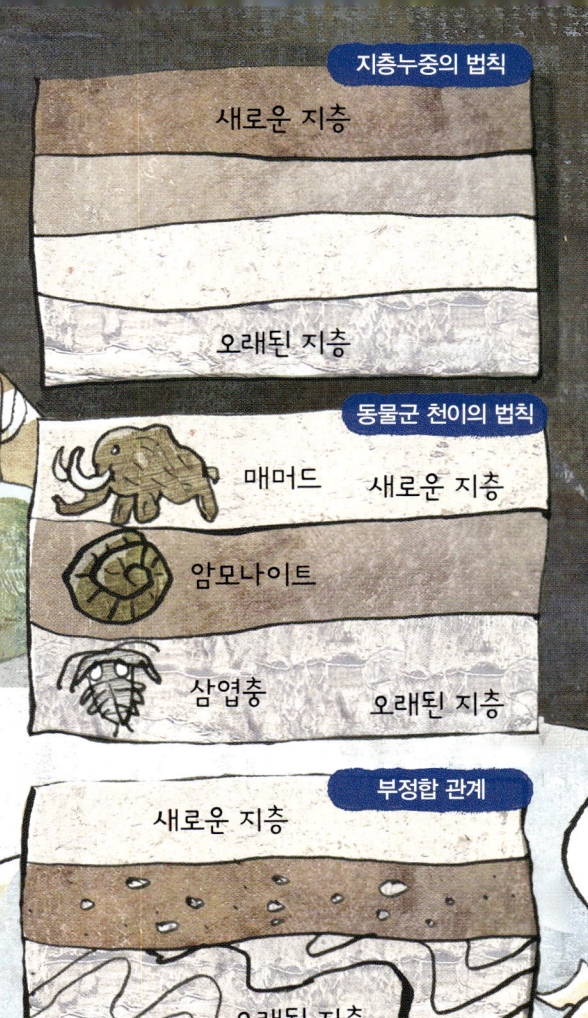

단단한 처트를 뚫느라 연필호가 덜컹덜컹 흔들렸어.
"박사님, 처트를 거의 다 지나왔어요. 이제 어디로 갈까요?"
꾸리가 고개를 갸우뚱거리며 물었어.
"지층은 차곡차곡 쌓인다고 했던 말, 기억나니?
지층은 보통 아래서부터 생긴단다.
맨 아래층까지 한번 내려가 보자꾸나."
피그 박사님이 연필호를 점검하며 대답하셨지.

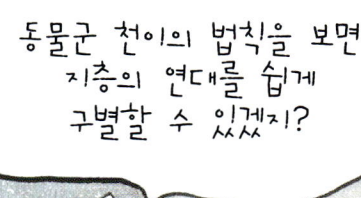

동물군 천이의 법칙을 보면 지층의 연대를 쉽게 구별할 수 있겠지?

꿀꿀~ 더 알아보기

지층의 역사를 알아보는 원리

1. 지층누중의 법칙
   지각 변동이 없다면 아래 놓인 지층이 먼저 쌓이고, 위에 놓인 지층이 나중에 쌓인다는 법칙이에요.

2. 동물군 천이의 법칙
   지층별로 발견되는 화석은 위에 놓인 지층일수록 점점 진화된 화석이라는 법칙이에요.

3. 부정합 관계
   커다란 지각 변동으로 인해 퇴적 작용이 멈춘 암석 위에 다시 새로운 지층이 생겨난 걸 말해요. 이때, 다시 지층이 생기기까지는 아주 오랜 시간이 걸려요.

4. 관입 관계
   하나의 암석이 여러 지층을 뚫고 들어간 경우, 뚫고 들어간 암석이 나중에 생긴 것이라고 볼 수 있어요.

"그래, 맞아. 그리고 우라늄으로 지구의 나이도 추측할 수 있단다. 지구의 나이가 얼마인지 아니? 무려 46억 살이란다."
박사님의 말씀에 삼총사는 더욱 놀랐어.
46억 살이면 4,600,000,000살이야. 0이 여덟 개나 붙다니!

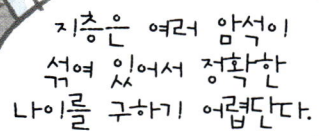

지층은 여러 암석이 섞여 있어서 정확한 나이를 구하기 어렵단다.

꿀꿀ㅌ 더 알아보기

암석의 나이를 어떻게 구할까?

시간에 따라 사람의 모습이 변하듯 물질도 변해요. 그중에서 규칙적으로 바뀌는 물질은 연대를 추정할 때 이용해요. 우라늄은 시간이 지나면서 서서히 납으로 바뀌는데, 규칙적으로 변하기 때문에 암석 나이를 구할 때 쓰여요. 우라늄235는 7억 년, 우라늄238은 45억 년이 지나면 우라늄의 양이 반으로 줄고, 줄어든 양만큼 납으로 바뀌어요. 우라늄235는 납207로 바뀌는데, 만약 암석에 우라늄235와 납207의 양이 1:1로 같다면 이 암석은 만들어진 지 7억 년이 되었다고 볼 수 있어요.

꿀꿀ㅌ 더 알아보기

지구 나이를 구하는 방법

지구에서 만들어진 암석으로는 정확한 지구 나이를 구하기 어려워요. 그래서 운석과 지구의 암석을 비교해 지구 나이를 구해요. 지구에 떨어진 수많은 운석 중에서 어떤 운석은 46억 년 전에 생성되었어요. 과학자들은 운석과 지구의 암석을 비교한 결과, 46억 년 전쯤에 생겨난 운석이 지구와 비슷한 시기에 생겨났다고 생각했어요. 그래서 지구의 나이도 46억 살이라고 추측하지요.

"지층 탐사를 마쳤으니 땅 위로 올라가 화석을 찾아보자."
삼총사와 피그 박사님을 태운 연필호가 계곡으로 향했어.
계곡에는 뾰족한 돌, 구멍 난 돌 등 여러 모양의 돌이 있었어.
삼총사는 화석을 찾아 계곡을 샅샅이 뒤졌지.
"저는 엄청난 것을 주웠어요. 이 바위는 색깔이 다르니까
보통 바위가 아닐 거예요."
도니가 낑낑거리며 빨간색 바위를 들어 보였어.

"저는 원시인이 쓰던 돌도끼를 찾았어요.
할아버지가 그러시는데 값을 매길 수 없을 만큼 귀하대요."
데이지가 어깨를 으쓱해 보였어.
"전 이것밖에 구하지 못했어요."
머쓱한 듯 꾸리가 나뭇잎 모양이 찍힌 작은 돌을 꺼냈어.
"꾸리야, 그게 바로 화석이란다."
박사님이 기뻐하며 말씀하셨지.

꿀꿀 더 알아보기

화석이란?
화석은 아주 오래전에 살던 생물의 흔적이
암석에 남아 있는 것을 말해요.
일반적인 바위는 생물의 흔적이 없기 때문에
화석이라고 할 수 없어요.
돌도끼는 선사 시대의 유물로 사람이 만든
도구이지 화석이 아니랍니다.

삼총사와 박사님이 연구실로 돌아왔어.
"화석 찾기가 너무 힘들어."
"종일 돌아다녔는데 주운 거라고는 이게 다라니."
도니와 데이지는 꾸리의 나뭇잎 화석이 부러운 눈치야.
"박사님, 화석은 왜 찾기 어려운가요?"
"죽은 생물이 썩지 않고, 그대로 남는 건 매우 드문 일이야.
그래서 화석을 발견하기가 쉽지 않지."
꾸리 질문에 박사님이 대답하셨지.
모든 동물과 식물이 죽어 화석이 된다면
지구는 온통 화석으로 뒤덮이겠지?
어휴, 생각만 해도 끔찍한 일이야!

3. 수백 만 년이 흐른 뒤 지각 변동으로 바다 밑에 있던 지층이 올라와요.

4. 바람과 물이 지층을 깎아 내면 화석이 된 물고기가 땅 위로 드러나요.

꿀꿀 더 알아보기

어떻게 화석이 될까?

모든 생물이 화석이 되지는 않아요. 미생물이 죽은 생물을 분해해서 썩어 없어지게 하거든요. 하지만 생명체가 죽은 뒤 바로 퇴적물에 묻히면, 분해되지 않은 채 그대로 화석이 돼요. 몸에 딱딱한 껍데기나 뼈가 있으면 화석이 되기 쉬워요. 단단한 뼈는 오래 남거든요.

나뭇잎 화석을 만들어 보자!

준비물로는 지점토, 조개 껍데기, 나뭇잎 등이 필요해.

1. 지점토를 납작하게 만들어 나눠요.

2. 지점토를 손바닥으로 꾹꾹 다듬어요.

3. 지점토 사이에 나뭇잎을 넣고 세게 눌러요.

4. 지점토를 천천히 떼어 내면 나뭇잎 화석 완성!

꿀꿀 더 알아보기

몰드와 캐스트

화석은 상태에 따라 몰드와 캐스트로 나뉘어요. 몰드는 껍데기 모양만 찍혀 있는 화석이에요. 지점토 위에 나뭇잎을 찍은 모양처럼요. 알맹이가 없이 속이 비어 있어요. 캐스트는 몰드 안에 진흙 같은 퇴적물이 채워진 화석이에요. 볼록 튀어나왔고요. 꾹 눌린 지점토 위에 물에 갠 석고 가루를 부으면 캐스트가 돼요. 공룡 알 화석이 대표적인 캐스트랍니다.

"박사님, 책에서 보니 제가 찾은 것은 고사리 화석이래요. 고사리는 보통 따뜻하고 습기가 많은 늪지대에 사니까, 앞산은 옛날에 늪지대였나 봐요."
꾸리가 박사님께 달려와 말했어.
"그렇지! 화석을 보면 당시에 어떤 환경이었는지 알 수 있단다. 화석은 시상 화석과 표준 화석으로 나뉘지.
시상 화석은 좁은 지역에서 오랫동안 살았던 생물의 화석을 말해. 이 화석을 보면 당시 환경과 기후를 알 수 있어."

꿀꿀! 더 알아보기

시상 화석
고사리는 대체로 늪지대에 살기 때문에, 고사리 화석이 발견된 곳은 당시 그 지역이 늪지대였다는 사실을 알 수 있어요. 산호 화석을 발견했다면, 옛날에는 그 지역이 따뜻하고 얕은 바다였다는 사실을 알 수 있지요. 이렇게 당시 환경과 기후를 알려 주는 화석을 시상 화석이라고 해요.

표준 화석
공룡은 중생대에만 살았기 때문에, 공룡 화석이 발견된 지층은 중생대에 만들어졌다고 할 수 있어요. 이렇게 한 시대에만 살던 생물 종류를 알려 주는 화석을 표준 화석이라고 해요. 공룡 이외에도 각 시기에만 살았던 생물들이 있어요. 삼엽충은 고생대의 표준 화석이고, 매머드는 신생대의 표준 화석이에요.

"그럼 표준 화석은 뭐예요?"
박사님의 얘기를 듣던 데이지가 고개를 갸웃거렸어.
"표준 화석은 특정 시대에 넓은 지역에서 살았던 생물의 화석을 말하지.
이 화석들은 특정 시대에 만들어진 특정 지층에서 발견된단다.
그래서 지층이 만들어진 시기와 순서를 알 수 있지."
박사님 설명에 도니가 고개를 끄덕였어.

자동 먼지 떨이

박사님, 연필호 연료가 떨어졌어요.

동물과 식물이

죽으면

땅에 묻힌 뒤 높은 열과 압력을 받아요.

묻힌 동식물의 사체가 오랜 시간이 지나면 석유, 석탄, 가스로 변해요.

꿀꿀 더 알아보기

화석 연료는 무엇일까?

화석 연료는 죽은 생물이 땅속에 묻혀 만들어진 연료예요. 우리가 쓰는 석탄과 석유가 대표적인 화석 연료지요. 묻힌 사체가 오랜 시간 동안 높은 열과 압력을 받으면 우리가 쓸 수 있는 연료로 바뀌어요.

"화석을 살펴보면 생물이 어떻게 진화돼 왔는지도 알 수 있단다."
복잡하게 그려진 지도를 가리키며 박사님이 설명하셨어.
"지도에 나타난 것처럼, 모든 생물은 세포가 하나인 단세포에서 시작되었단다. 단세포에서 물고기로 진화하고, 단세포에서 식물로도 진화했지."
"단세포가 진화해서 곤충도 되고, 말도 되고, 원숭이도 되었네요?"
삼총사가 눈을 동그랗게 뜨고 말했어.
"생물은 단순한 것에서 점점 복잡한 것으로 진화한단다."
"박사님, 그럼 사람도 단세포 생물에서 진화한 건가요?"
"그럼! 사람도, 원숭이도 모두 단세포 생물에서 비롯됐단다."
원숭이와 사람이 같은 조상이라니 믿기지 않아.

화석은 실제로 이뤄지고 있는 진화의 증거이지. 화석을 통해 생물이 복잡하게 진화해 온 것을 알 수 있기 때문이야.

진화론을 주장한 다윈

내 말이 맞다니까!

꿀꿀ε 더 알아보기

진화론을 창시한 찰스 다윈

옛날에는 신이 세상의 모든 생물들을 만들었다고 생각했어요. 그런데 19세기 찰스 다윈이라는 과학자가 새로운 의견을 내놓았어요. 살아남기 위해 생물이 스스로 몸을 바꾼다는 진화론이었죠. 다윈은 기린이 긴 목을 가진 이유를 이렇게 설명했어요. 원래는 목이 짧은 기린과 목이 긴 기린이 있었는데, 높은 나무의 잎을 먹기 유리한 목이 긴 기린만 살아남았다고요.

"사람이 살기 전에 지구에 무엇이 살고 있었을까?"
"가장 먼저 단세포 생물이 살고 있었고요. 그다음이 공룡인가……."
박사님의 질문에 꾸리가 자신 없는 듯 말끝을 흐렸어.
"생물들이 많아서 순서가 헷갈리지?
그래서 지구가 생겨난 때부터 지금까지를 네 시대로 나눈단다."
커다란 표를 펼치며 박사님이 말씀하셨어.

대	기	시기	생물의 변화
신생대	제4기	230만 년 전	사람의 조상! 인류가 등장했어요.
	제3기	6,500만 년 전	다양한 포유류가 번성했어요.
중생대	백악기	1억 4,600만 년 전	꽃과 열매를 가지는 속씨식물이 번성했어요.
	쥐라기	2억 년 전	새의 조상, 시조새가 등장했어요.
	트라이아스기	2억 5,100만 년 전	몸집이 큰 공룡과 털이 있는 포유류가 등장했어요.
고생대	페름기	3억 년 전	씨앗을 가지는 겉씨식물이 나타났어요.
	석탄기	3억 6,000만 년 전	피부가 딱딱한 파충류가 등장했어요.
	데본기	4억 1,900만 년 전	물과 육지에서 모두 살 수 있는 양서류가 등장했어요.
	실루리아기	4억 4,400만 년 전	육지식물과 물고기의 조상인 어류가 나타났어요.
	오르도비스기	4억 9,000만 년 전	필석류가 등장하고 번성했어요.
	캄브리아기	5억 4,200만 년 전	삼엽충과 무척추동물이 번성했어요.
선캄브리아대		46억 년 전	최초의 단세포 생물! 시아노박테리아가 등장했어요.

내 나이는 46억 살이야.

선캄브리아

지구의 탄생

"자, 아주 오래전에 살던 생물을 한번 볼까?"
박사님이 화석 분석기에 지층에서 떼어 낸 암석 조각을
넣고 스위치를 누르셨어.
삐, 삐비익, 삐, 삐비익.
잠시 기계에 전기가 흐르는가 싶더니
공중에 거대한 홀로그램이 나타났어.

"박사님, 저기 이상한 게 보여요. 거대한 곰팡이 같아요."
낯선 생물이 나타나자 데이지가 달달 떨며 말했어.
"저건 스트로마톨라이트라는 거야."
"그래, 꾸리가 잘 아는구나. 스트로마톨라이트는 지금까지 발견된 화석으로는 가장 오래된 것으로 약 35억 년 전 선캄브리아대에 생겨났단다."
선뜻 대답하는 꾸리를 대견해하며 박사님이 알려주셨지.

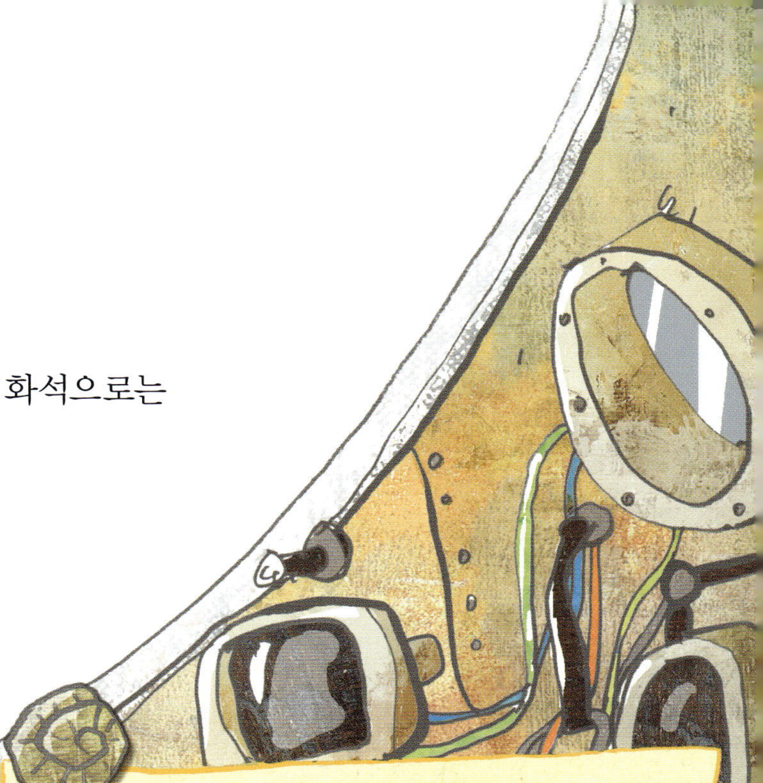

이것이 스트로마톨라이트란다.

꿀꿀 더 알아보기

스트로마톨라이트란?

지구가 막 생겨났을 때에는 생명체가 하나도 없었어요. 하늘과 땅이 온통 불덩어리였거든요. 세월이 흘러 불덩어리가 식으면서 땅이 만들어지고 비가 내려 바다가 생겼어요. 그리고 처음으로 '시아노박테리아'라는 생물이 바다에서 나타났지요.

지구에 처음 등장한 생물인 시아노박테리아의 화석이 스트로마톨라이트예요. 그러니까 인류가 발견한 최초의 생명체가 스트로마톨라이트 안에 들어 있는 거지요.

실러캔스

다음 암석을 분석기에 넣자 홀로그램에서 갑자기 뭔가 튀어나왔어.
"엄마야! 깜짝이야. 벌레 같은 게 엄청 빨라요."
놀란 도니가 뒷걸음질치며 말했어.
"고생대의 삼엽충이란다. 바다에서 태어난 많은 생물 중 하나지."
박사님이 스위치를 누르자 홀로그램에는 수많은 생물이 스치듯 지나갔어.
나뭇잎처럼 길쭉한 다리를 가진 생물도 있었고, 곤충과 어류도 있었어.
"앗, 실러캔스예요!"
이상하게 생긴 물고기가 나오자 꾸리가 외쳤어.
"실러캔스는 4억 1,700만 년 전에 생겨난 물고기야. 그런데 아직까지도 그 모습 그대로 살고 있어서 살아 있는 화석이라고 불린단다."
"와, 살아 있는 화석이라니!"
박사님 설명에 도니가 무척 신기해했어.

저기 커다란 물고기는 멸종하지 않고 지금도 살고 있단다.

꿀꿀 더 알아보기

화석이 살아 있다고?
화석으로 발견된 생물들 중 아직까지 살아 있는 생물이 있어요. 이런 생물을 '살아 있는 화석'이라고 해요. 산호, 은행나무, 앵무조개, 실러캔스, 악어, 바퀴벌레 등이 있어요.

중생대 화석을 분석기에 넣자 이번에는
목도 길고 꼬리도 긴 공룡이 나타났어.
바로 브라키오사우르스였어.
"브라키오사우르스는 몸집이 아주 크지만
풀을 먹는 초식 공룡이란다.
우리를 해치지 않을 거야."
깜짝 놀란 꾸리를 달래며 박사님이 말씀하셨어.
그때였어. 어디선가 렉스 네 마리가 나타났지.
렉스는 몸집이 작지만 이빨이 뾰족하고
발톱이 날카로운 육식 공룡이야.
렉스들은 브라키오사우르스를
공격하기 시작했어.
그러다가 가까이 있던
삼총사를 발견했지.

"바, 박사님! 쟤네가 우리한테 오고 있어요!"
펑, 찌, 찌찌지이…….
렉스 무리가 달려오자 박사님도 놀라 홀로그램 플러그를 재빨리 뽑으셨어.

꿀꿀 더 알아보기

공룡은 왜 멸종되었을까?

중생대를 주름잡던 공룡은 지금으로부터 약 6,500만 년 전에 갑자기 사라졌어요. 아직 그 이유는 정확히 밝혀지지 않았어요. 지구에 아주 큰 운석이 떨어졌다는 게 유력한 학설이에요. 운석이 떨어지면서 갑자기 날씨가 엄청나게 추워졌대요. 그래서 식물이 없어지게 되었고, 자연히 식물을 먹고 사는 초식 공룡도 굶어 죽게 되고, 초식 공룡이 사라지니 육식 공룡도 멸종되고 말았죠.

"이제 마지막 층이란다. 인류가 태어난 신생대지.
초기 인류가 어떻게 바뀌는지 잘 보렴."
박사님은 조심스럽게 화석 분석기를 다시 작동하고 홀로그램을 띄우셨어.
원숭이는 머리가 점점 작아지고 두 팔이 짧아지더니
어느덧 네 발이 아닌 두 다리로 걷고 있었어.
"나무 막대기로 불도 피우는걸요?"
삼총사는 옹기종기 모여 원시인이 불 피우는 모습을 지켜봤어.
"호모 에렉투스라는 원시적인 인류란다. 약 150만 년 전이지."
"와, 사람들의 대왕 조상님이네!"
박사님의 설명에 삼총사가 입을 모아 감탄했어.

빠르게 비비면 2분 만에 불을 피울 수가 있지.

위대한 불의 발견이야.

꿀꿀 더 알아보기

초기 인류는 어땠을까?

인류가 처음 나타난 것은 지금부터 약 700만 년 전으로 신생대 말엽이에요. 최초의 인류는 아프리카에서 발견된 사헬안트로푸스예요. 두 발로 걷고 도구를 사용하면서 불을 피웠지요. 초기 인류의 뇌는 지금 인류의 뇌보다 작았어요. 하지만 시간이 흐르면서 뇌가 점점 커지고, 턱이 작아지는 등 지금의 여러분의 모습처럼 진화했어요.

다음 날 방글이 선생님은 삼총사의 선물을 받고 무척 기뻐하셨어.
"멋진 선물을 받았으니 나도 뭔가를 줘야겠네.
오늘 수업은 공룡 박물관 체험 학습이다."
"야호! 야외 수업이다!"
선생님은 돼지학교 아이들을 데리고 공룡 박물관으로 가셨어.
오래전에 살던 생물들을 보고, 지구의 역사도 배우고······.
화석 덕분에 알게 된 지층 세계가 얼마나 멋졌는지
삼총사는 언제나 기억할 거야.

용감한 돼지 삼총사와 떠나는 창의적 융합과학 교과서

돼지학교 과학

노래를 들어 봐요 ♪

돼지학교 시리즈는 초등 과학의 4가지 영역인 생명, 지구와 우주, 물질, 운동과 에너지 분야를 재미있는 이야기를 통해 아이들 스스로 과학적 지식을 익힐 수 있게 구성된 과학 책입니다. 돼지 삼총사와 함께 떠나는 신 나는 과학 여행! 그 속에서 여러 가지 미션을 수행하며 자연스럽게 창의적 문제 해결력을 키울 수 있습니다.

- 한 권 한 권 읽을 때마다 과학 지식이 차곡차곡!
- 돼지 삼총사와 떠나는 모험으로 과학적 호기심이 쑥쑥!
- 흥미로운 이야기로 창의적 문제 해결력이 팍팍!